The Holiday Twist

Written by Zbigniew Raniszewski
Illustrated by Helen Cochrane

ZEEBO BOOKS

Published in 2018 by Zeebo Books

Copyright © Zbigniew Raniszewski 2018

Zbigniew Raniszewski has asserted his right to be identified as the author of this Work in accordance with the Copyright, Designs and Patents Act 1988

ISBN Paperback: 978-1-9999980-0-4

Ebook: 978-1-9999980-1-1

All rights reserved. No part of this publication may be reproduced, stored in a retrieval system, or transmitted in any form or by any means, electronic, mechanical, photocopying, recording or otherwise, without the prior permission of the copyright owner.

All characters and events in this publication, other than those clearly in the public domain, are fictitious and any resemblance to real persons,
living or dead, is purely coincidental.

A CIP catalogue copy of this book can be found in the British Library.

Published with the help of Indie Authors World

Introduction

I hope you will enjoy sharing these stories with your children and they spark a dialog between you.

I'd love to hear your stories of the holidays. You can share your thoughts, stories and pictures with me on my page: Facebook.com/Zeebobooks

I hope you learn the language, become closer with your family and keep up the tradition of important holidays with a little help from my book.

Mam ogromną nadzieję, że czytanie tych wierszy wraz z dziećmi zaowocuje dialogiem między wami.

Z przyjemnością usłysze historie ze świąt, które obchodzicie. Możecie się podzielić waszymi przemyśleniami, historyjkami i zdjęciami na mojej stronie: Facebook.com/Zeebobooks

Chciałbym aby udało wam się nauczyć języka, zbliżyć do rodziny i podtrzymać tradycję ważnych świąt z małą pomocą mojej książki.

Valentine's Day, sometimes called Saint Valentine's Day, is
celebrated in Poland and the United Kingdom on 14th of February.
On that day we show our love to the person we care about the most.

Walentynki, czyli Dzień Zakochanych, w Polsce i Wielkiej Brytanii
obchodzimy 14tego Lutego.
W tym dniu okazujemy miłość osobie, którą szczególnie lubimy.

Valentine's Day

In February with cold weather outside,
there is one day, that will warm up your heart.

People in love from different worlds,
wait for that day to say the special words.

The ones that your mom says often to you,
the special words are:

I   Love   You.

On the 14th of that month, Valentine's Day,
is here for you, so be extra brave.

And tell the person you love the most,
those very important and magical words.

Walentynki

W lutym, gdy mrozem na dworze powiewa,
jest jeden dzień co twe serce rozgrzewa.

Na całym świecie i we wszystkich domach
można usłyszeć specjalne dwa słowa.

Te, które Mama tak często Ci mówi,
specjalne dwa słowa, gdy do snu cię tuli...

"Kocham   Cię"

Oto esencja jest święta miłości,
14sty luty- to nie dzień samotności!

W sercu odwaga niech się nie chowa
i powiedz kochanej osobie te słowa.

Easter does not have a fixed date. It can be between
22th of March and 25th of April.
It's on the first Sunday after first full moon in Spring, by
lunisolar calendar, not astronomical.
We celebrate resurrection of Jesus Christ and use eggs
decorations as a symbol of new life.

Wielkanoc nie ma stałej daty. Obchodzimy ją między
22 Marca a 25 Kwietnia.
Jest to pierwsza niedziela po pierwszej wiosennej pełni
księżyca, według kalendarza lunarno-solarnego a nie
astronomicznego. W tym dniu świętujemy zmartwychwstanie
Jezusa Chrystusa i dekorujemy jajeczka na znak nowego życia.

Easter

At the break of spring, with winter behind,
the Easter time is one of the kind.

I already know, what you think and why,
the easter eggs! There is no need to lie.

Made out of chocolate or you paint it yourself,
the eggs must be found, in that game I excel.

It's funny how kids like to find what is hidden,
especially when peeking is strictly forbidden.

But there is more to that happy season,
than a couple of sweets and fun with no reason.

The symbol of new life the egg happens to be
and celebrate life we must, you and me.

Wielkanoc

Gdy nie ma już śniegu i na wiosnę czas,
Wielkanocne Święta budzą radość w nas.

Gdy mówię Wielkanoc- ja już teraz wiem
że myślisz- pisanki, jajeczka, ciasto i krem,

Czy jajka z czekolady, czy malujesz je sam
to szukać ich trzeba a w tym cały kram.

Zabawa w zająca, wraz z całą rodziną,
dzieci pisanek szukają a rodzice je kryją.

Lecz to ważne święto uczy bardzo wiele,
to nie tylko pisanki z zającem na czele.

Dokonaj teraz wielkiego odkrycia,
jajko- to symbol nowego życia!

A życie jedno z nas każdy ma,
więc szanujmy je razem i ty i ja.

Mother's Day has a different date in different countries. In Poland it's 26th of May, but Great Britain host it on the Sunday, 3 weeks before Easter. We do nice things for our moms and show them how grateful we are for raising us.

Dzień Matki w Polsce obchodzimy 26 maja, w Wielkiej Brytanii zaś 3 tygodnie przed Wielkanocą. Jest to dzień, w którym robimy miłe rzeczy dla naszych mam i dziękujemy im za to, że nas wychowały.

Mother's Day

It happens sometimes, but it's not always the case,
that the same holidays have different times and dates.

It's not a joke- Mother's Day,
you give her big cuddles and for flowers you pay.

To get flowers twice without any charge,
she must be in the UK sometime around March.

But then fly to Poland for the 26th of May,
her kids will celebrate that day with Hurray!!

Wherever you stay - Poland or the UK,
whether you live a steady life or crazy you say.

Never forget this celebration day,
tell her you love her in every way.

Tell her you miss her when you are not around,
that you are sorry for acting like clown.

That her cooking is like a magical spell,
and that you do care when she isn't well.

Tell her you love her and you thank her a lot,
for life that she gave you and you will waste it not.

Dzień matki

Czasem tak jest, czasem tak bywa
że to samo święto w różne dni się odbywa.

Święto nie żarty, bo to Dzień Matki,
przytul ją mocno i kup Jej kwiatki.

By Mama życzenia dwa razy dostała
do Wielkiej Brytanii się w marcu wybrała.

Do Polski w maju z powrotem przyleci-
świętować będą kochane Jej dzieci.

Czy Polska to czy Wyspy Zielone,
czy życie spokojne masz, czy szalone,

pamiętaj proszę o dniu swojej Mamy
i powiedz Jej prawdę, że Ją kochamy.

Że tęsknisz gdy Jej długo nie widzisz,
przepraszasz za rzeczy, których się wstydzisz.

Że nadal uwielbiasz gdy ci gotuje,
że się o Nią martwisz kiedy choruje.

Że kochasz Ją i bardzo dziękujesz,
za życie i że go nie zmarnujesz.

Halloween is always on 31st of October in every country in the world. It's a tradition that helps us to remember people that passed away.
Scary decorations and playing tricks on friends is just as popular as watching scary movies or dressing up in a horror theme.

Halloween na całym świecie obchodzimy 31szego października, jest to tradycja mająca na celu podtrzymanie pamięci o zmarłych. Popularne są groźne dekoracje, straszenie przyjaciół, oglądanie filmów z dreszczykiem i przebieranie się za przerażające postacie z filmów i bajek.

HALLOWEEN

Once every year, when the moon is bright,
something amazing happens by night.

It can be scary and it can be fun,
you better get ready, cause that's how it's done.

Heroes and villains of different kinds,
will visit your door and knock a few times.

Now don't be scared, there's no need to hide,
you can meet them all, just go outside.

But I have to warn you and important that it is,
for you to have candy and lots of it.

This very question you will be asked,
Trick or a treat? You better think fast.

Hand over the candy and save yourself,
from Halloween tricks, they never end well.

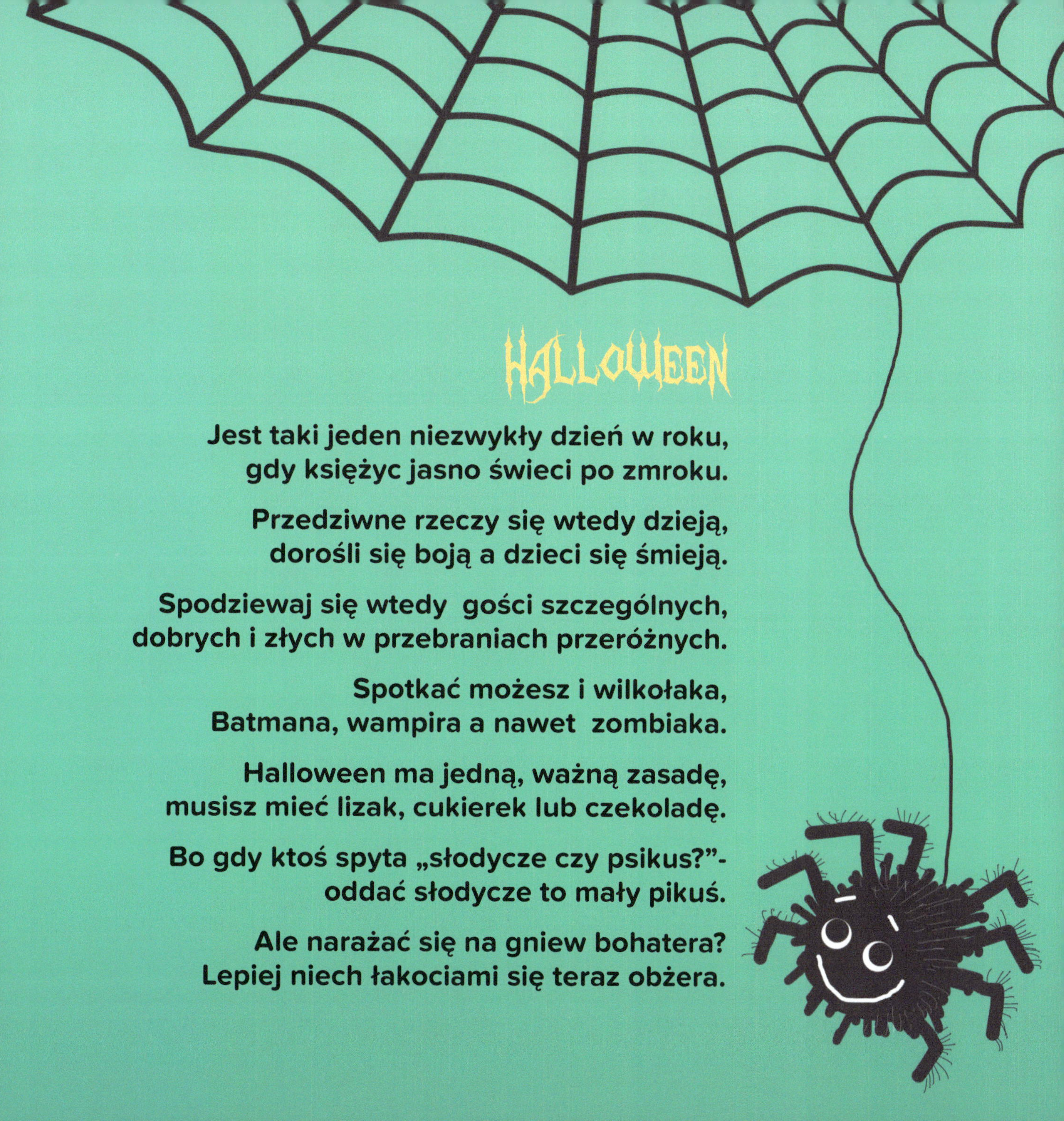

HALLOWEEN

Jest taki jeden niezwykły dzień w roku,
gdy księżyc jasno świeci po zmroku.

Przedziwne rzeczy się wtedy dzieją,
dorośli się boją a dzieci się śmieją.

Spodziewaj się wtedy gości szczególnych,
dobrych i złych w przebraniach przeróżnych.

Spotkać możesz i wilkołaka,
Batmana, wampira a nawet zombiaka.

Halloween ma jedną, ważną zasadę,
musisz mieć lizak, cukierek lub czekoladę.

Bo gdy ktoś spyta „słodycze czy psikus?"-
oddać słodycze to mały pikuś.

Ale narażać się na gniew bohatera?
Lepiej niech łakociami się teraz obżera.

All Saints Day is celebrated on 1st of November and just like Halloween it helps us to remember people that are no longer with us. We visit their graves to light a candle and faithful people say prayers for their souls.

Wszystkich Świętych obchodzimy pierwszego listopada. Jest to święto, podobnie jak Halloween, które pomaga nam pamiętać o zmarłych. W tym dniu odwiedzamy groby bliskich na cmentarzach a ludzie wierzący modlą się za ich dusze.

All Saints

I will try to tell you in different ways
about one of the saddest of all holidays.

The clue is here if curious you are very,
the one holiday that's not scary or merry.

When someone you love is already gone,
you miss him, think of him, try to hold on.

The cemetery you visit must go,
it will make you sad, but inside you will glow.

When you remember your time together
it won't make you laugh, but you will feel better.

Every colleague, friend or family member
will love the visit from you in November.

And that is the reason behind this day,
for you to spend time at a loved one's grave.

The All Saints day is not to be missed,
once every year, November the first.

Wszystkich Świętych

Witam was wszystkich i powiem pokrótce
o ważnym święcie, które bywa smutne.

Powiem wam teraz wierzcie mi lub nie,
że smutki czasami wcale nie są złe.

Gdy kogoś kochasz, lecz nie ma go już,
to tęsknisz, pamiętasz, brakuję go tu.

Wtedy na cmentarz prędko udaj się,
będzie ci smutno, lecz nie będzie ci źle.

Kiedy wspominasz wspólnie czas spędzony,
w środku choć smutny, będziesz zadowolony.

Bo dla przyjaciół, kolegów i rodziny
najważniejsze przecież są odwiedziny.

A o to w tym święcie najbardziej chodzi,
byś grób odwiedził kochanej osoby.

Nazywa się ono dniem Wszystkich Świętych
a data niezmienna, listopad pierwszy.

We celebrate Christmas on 25th of December and it simply is birthday of Jesus Christ. In Poland we start celebrations on 24th of December with Christmas Dinner, after which we open the presents. In the United Kingdom the celebrations start in the morning 25th of December when we open our presents, followed by Christmas Dinner.

Boże Narodzenie obchodzimy 25 grudnia i jest ono dniem narodzenia Jezusa Chrystusa. W Polsce rozpoczynamy świętowanie już 24 grudnia od uroczystej kolacji, zwanej Wigilią, po której otwieramy prezenty. W Wielkiej Brytanii tradycją jest rozpoczęcie świąt 25 grudnia od otwarcia prezentów z samego rana. Później ma miejsce uroczysty obiad.

Christmas

There is no greater time of the year,
when Christmas carols is all I hear.
I cannot wait for this time to be,
when laughter and love is all I see.

Family comes over from near and far,
at least once a year together we are.
Gather everyone for Christmas dinner,
pull the cracker and see who's the winner.

The Christmas tree with lights and baubles,
makes me all hungry for family cuddles.
We all share news, memories and plans,
it bonds us together, we even hold hands.

Oh yes, there is one more little thing,
Santa Clause visits us and bring
a bag full of presents as far as I know,
he loves the surprises, reindeers and snow.

So here it is, the best day of them all,
the Christmas time is for love to grow.
I cannot imagine better place to be,
the family, food, the presents and me.

Boże Narodzenie

Nie ma na świecie święta większego,
oczekiwanego przez niemal każdego.
Kolędy słychać na każdym kroku,
to najpiękniejszy okres jest w roku.

Gdy koniec grudnia pomału się zbliża,
rodzina z daleka i ta z pobliża,
zbiera się razem, życzenia składa,
potem do wspólnej Wigilii zasiada.

I jest choinka, i światła mrugają,
i nastrój świąteczny wszyscy już mają.
Opłatkiem się dzielą, uściski rozdają
tak to w wigilię się wszyscy kochają.

I jest jeszcze jedna, dość ważna sprawa,
Święty Mikołaj do nas też wpada.
Ogromny worek na plecach niesie,
a w worku prezenty jak pewnie już wiecie.

Dorosły czy dziecko, każdy z nas,
powie, że kocha świąteczny czas.
Bo nie wyobrażam sobie lepszego dnia-
rodzina, prezenty, jedzenie i ja.

www.ingramcontent.com/pod-product-compliance
Lightning Source LLC
Chambersburg PA
CBHW042138030726
47599CB00002B/528